Hugh John Charles

L'univers des noms

Souvenir éternel

Éditions Dédicaces

L'UNIVERS DES NOMS
par HUGH JOHN CHARLES

DU MÊME AUTEUR :
- Passions dans larmes

A PARAÎTRE :
- Secret d'encrier (roman)
- Popouri (pwezi en kreyol)
- Les phares au soleil (nouvelles)
- Ondes des soupirs (roman)
- Comment vaincre la solitude (essaie)
- Le pays qui trame la légende des siècles (essaie)

ÉDITIONS DÉDICACES INC
675, rue Frédéric Chopin
Montréal (Québec) H1L 6S9
Canada

www.dedicaces.ca | www.dedicaces.info
Courriel : info@dedicaces.ca

Hugh John Charles

L'univers des noms

Souvenir éternel

Cet ouvrage est dédié spécialement
A mon ami Jean Hymlet Pierre
En souvenir de notre amitié
Battit sur des ententes immuables

Présentation

Hormis nos rêves qui touchent le seuil de la gloire, nous sommes tous comme les jours profanés par chaque seconde qui égraine dans la subdivision périodique, comme une brume effacée par le vent. La frivolité du temps transforme chaque souvenir implanté dans l'horizon humain comme une éternité bénie ou maudit. L'univers des noms se propose un classement dans les annales des mémoires inaltérables des figures qui promènent dans ses parages.

Cet ouvrage est la synthèse des patronymes compressés dans le paramètre multicolore de mon existence pour peindre des précipices mystérieux, des vicissitudes insipides, une pluralité d'images clopin-clopant, des porcelaines de félicités bourrées d'irrégularités dans les vagues de la vie. Le choix de l'acrostiche pour trainer mes vers me donne une opportunité de mettre en évidence des noms qui traversent toutes les saisons de ma vie.

Fragile à l'indifférence comme hypersensible à l'attention, je me souviens d'un arbre qui m'a étendu l'ombre dans le pavillon de la charité au même rythme qu'un vent qui me salut par une couche de poussière. L'ironie du sort, une simple marque de tendresse suffisant à me faire oublier mille et une années d'insouciance. Je ne cherche jamais à deviner combien seconde de tares qui se trouve dans une minute de frottement mutuel, mais plutôt le tant d'années de bonté qui se trouvent dans une seconde de tête à tête. C'est le sourire aux yeux de la vie qui retient mon attention, nul autre. Ce n'est pas innocemment que mes maux et mes douleurs portent toujours des diadèmes de plaisirs.

Je suis un emprunt digital coupé à moi-même, un observateur pénétrant de rien du tout. Malgré que j'essuie toujours le revers de mes soucis, bien que je paie souvent un tribut pour la dissimilitude de mes désinvoltures, je reste soumettre à la naïveté comme un esclave qui lit humblement son destin dans la chaine. Une fleur tombe, je pleure, l'ombre me salut, j'exulte, mon ennemi m'envoi au cachot, je prie pour sa liberté. J'assure ma survie en peinturant ma misère en or. L'univers des noms est l'unique monde de ma citoyenneté, l'âme de mes larmes, le revers de mes répliques, la somme de mes regrets et le ciel de mon bonheur.

En poursuivant une ligne oblique qui amène à l'essence du sujet, l'idée de concevoir cet ouvrage sur la forme d'acrostiche a été faite sans appréhension de faire défiler chaque nom sous une casquette qui lui soit proportionnelle. Entre autres, le visage mi-haut, mi-bas de mes vers ne colle pas systématiquement à un patronyme. S'il était ainsi, la monotonie fort probablement n'y manquait pas. C'est plutôt un recueil de poème qui décrit les nuances variées qui s'affichent sur le mur de la vie par la présence emblématique des personnes à travers des substantifs. Ce chemin parcouru me donne régulièrement la possibilité de dédier cette œuvre a plus d'un. Par extension, chaque visage dans cet univers est une abstraction de mes aventures, un lot de ma vie.

En effet, il y a des appellations qui marchent dans les textes avec leur âme, mais pas mal de signifiants traversent les vers loin des signifiés, vous voyez des noms qui perdent préalablement ou à l'intervalle tous ces repères. Cette démarcation consiste à détourner l'attention des lecteurs dans un imaginaire figé, une psychologie statique.

Je vous amène dans un univers instable, bouillonnée, chaviré et brassé pêle-mêle avec des éphories. Et voilà, c'est ça la vie, le tout à la fois dans le tout. Si j'aime tant l'anticipation et avoir mes entrailles bobinées d'improvisations c'est parce que les réflexes automatiques sont les pièces maitresses de l'existence ou la symétrie même de la vie. Je fais le choix du concept bouillonisme pour tenter de justifier mon instabilité dans l'univers des noms, pourquoi je fais défiler d'un coup, un flot d'images fusionnées dans un corridor restreint.

Le bouillonisme c'est la vie qui tourne sur elle-même avec toutes ses vicissitudes : des amalgames de dénouements heureux, malheureux, des chapeaux de bonheurs troués, des illusions basculés, des vocations galvaudées, des erreurs parfaites…

Ce concept qui penche sur la rotation de la vie sous-entend que l'homme éphémère est esclave de la vanité. Nous ne pouvons nous empêcher de vivre, de voir, d'observer les chimères même dans les moments les plus inopportuns et propose pour le repos de l'âme, l'adaptation. L'existence c'est l'exercice des réflexes automatiques. Pour vivre, l'univers psychique qui a pour réflexe le cerveau doit éclairer parfaitement son monde spirituel, et les rayons de lumières du monde invisible luisent notre univers physique. C'est l'intensité de la lumières qui est en chacun qui fait de nous ce que nous sommes, une spécificité singulière. Le bouillonisme veut être l'alliance de la vie.

En somme, l'univers des noms est la métaphore de la vie anticipée. C'est le rire moqueur au verso des loisirs, c'est la gloire altéré par les fortuites, ce sont des escaliers de bonheurs perplexes, des gammes de joies croquées dans le vides, des mosaïques de charmes contraires, ce sont des os sans peau, des peaux sans os. Il est le cortège des figures masquées de diversités qui traverse au même instant le long parcours de l'existence.

J'assiste sous un manteau de nostalgie les secondes qui égrainent
En un temps de record tout a changé
A la ronde au dénouement
Nulle lueur d'espoir !

Ma muse hier est un regard perdu dans le vague
Ontologie sans science dans le questionnement de l'intervertis
Nos rêves charrient de vanités
A l'épistémologie des métaphores inertes
Rien n'est austère, tout est austère
D'ici où l'impossible est tenu

Métellus est l'étymologie de l'espoir fait vivre
En conjuguant le conditionnel au futur
Toutes les légendes du vrai
En un jour redeviendront surréelles
L'amiral Quilick voilé de diplomatie
Limogera dans son poste de gouvernail à main abstraite
Une Ile méconnaissable se tue alors et s'élèvera
Sous l'étiquette de la perle des Antilles

J'aime le trépas du soleil
Oxydé par les ondes caillées d'angélus
Habit somptueux que repend mon Ile
A chaque tour d'horizon
Natif du pays où le frappement du tambour
Négocie en génie l'exultation des reins
Etoile de minuit paradée en plein jour

Mes battants sont ravis de spectacles
Eternisés sur les pas sans cadence
Tournés par la griserie de tafia
Incarné dans le crâne paysan
Verdure de ma terre est l'hôte de l'aurore
Issue du printemps toujours vassalisé
En ce lieu de nid de merveilles
Repose la main coloniale

Est-ce toi, mon poupon au visage de lune ?
Saphir ciselé d'argent
Ton image, le thème de mes rêves
Hante pour rien ma pensée qui se voue à toi
Enfouie-moi t'en prie dans ton corsage
Récidive de passions étouffées

Bloquer à l'angélus de ton jupon
Alphabet qui écrit envie sans combinaison de signes
Là où les soupirs triomphent dans le silence des mots
Deux temps, trois mouvements
Échappe dans mon cœur le fruit défendu !

Loin des ruisseaux de lumières
Ou près d'un océan de félicité transposée
Utopie du doigt de la main
Riche emblème de délimitation
Dépose mon ornement
Indigène sans nationalité
Est-ce une facétie des vers ?

Oublie le présent, conjugue le passé au futur
Redevance de la vie à la science du repos
A tous ceux qui n'expérimentent d'autre saison que l'hiver
C'est peut-être toi, c'est plutôt moi
Instrument vil de la perplexité
USA ne me serait pas le songe préféré
Si la révolution n'épargnait pas les colons locaux

La somme des monèmes sans graphème
Incarnent en moi des interminables soupirs
Non sans choix, chutes des mots
Dans le sens de formuler mes grés
Analogie à vos immenses abnégations

Mes pas se changent de cadences
Entre le destin des maux et le sur plus de soi
Toutes les fois que mon esprit se porte sur les ailes du vent
A vos intenses applications soient l'honneur
Yatch qui me porte vers cette heureuse destination
Est un emballage de pure beauté
Réitérée par l'offrande de la nature

Ici s'écrivait les honneurs de l'Afrique
Sous la plume de nos héros stoïques
Recette la plus audacieuse du temps
Accouchée par mille combats sanglants
Evincer nos conquêtes à défaut de mémoire
La Crète-à-Pierrot, ô quel crime abominable !

Je rêve encore l'Haïti d'autrefois
Eminence de la grandeur humaine
Au temps où l'été se fusionne avec le printemps,
Nos ondes portaient le manteau de la gloire…

L'accent circonflexe de ton regard
Etend sur les graphèmes de la vue
Offre la synchronisation des plus beaux ornements
Nommer les monèmes à ton épithète
Intronise la muse au royaume des lettres
Cliquer sur tes hanches qui se déplacent avec douceur
Affiche une arithmétique sans solution

Pourquoi la paillette de tes fesses
Imprime les belles parades des troupes indigènes ?
Et la broderie de ta robe, la douce mine de l'arc-en-ciel ?
Rares sont les perles qui brillent sur tes lèvres !
Retraçant la physionomie en délire
Est la vitrine de ton cou à la perfection de tes épaules

Mais oui, à la FLA la philologie de cervelle est égaillée
A l'enquête désorientée par la fusillade de tes seins
Inculpant des noms qui devinent le schéma du soir de tes linges
Notifiant les regards enfouillés dans tes tournées
Tout l'enceint debout, et pour t'admire l'oiseau arrêt son vol
Une fleur d'automne : tu enjambes toute saison
Sans perdre ta fraicheur !

L'avenir rectifie le présent
Et le rêve nourrit l'infortune
Ainsi va la vie autant que nous sommes
Nos bilans vides, nos bilans lourds ne
Dispensent pas nos sorts
Refrain le plus beau du chant de l'être
Est la crainte de la providence dans l'extension du devoir

A l'enquête de la vie je vois le meilleur et le pire
Bons rois, grands maitres ne dissipent pas le néant
Etendard du mortel au ciel est la rosée avant l'aube
Le douze, dans ce tourbillon inexorable
Au même panier se trouvait Brant et Ti-pierre
Riche ou pauvre est une divergence de souffle
Dont l'unanimité se fait à l'ombre

Mes amours dentant s'envolent
Avec les sources tarirent dans les fentes du mapou
Ramier du champ n'offre plus d'aubade
Impossible de pirouetter dans la dance du pétro
En face d'une campagne sans décorer du siwèl du sec

Figer devant la problématique de l'inverse
Le monde change, les loas prennent notes
Ogou laisse les péristyles pour danser à l'église
Rendre sentence pour dollars, non pour une goutte de tafia
Est monnaie courante des dieux d'Afrique

J'hésite face à la jeunesse de pécher par commission
Obstruant leur bonheur par le prêche de l'espoir
Si je préfère la prison ailleurs que la liberté de ma terre
Et pourtant, les rêves déchus de la science vaine
Passent en mon cou sa corde suicidaire
Hélas que c'est à la mort qu'on cesse d'espérer !

Reliure des extra sur la page de l'existence
Offre à l'éthique une avance sur l'esthétique
N'isole pas vos attributs totalise un exploit
En parlant des noms qui étampent sur ma vie
Le vôtre tourbillonne dans mon esprit

Mes souvenirs collés à votre image
Impliquent une grappe de métaphores
Liée à des exclamations
Fugitif de votre infaillible mémoire
Onde de minuties pour autrui
Résume tout mon estime en votre faveur
Toute mon affinité à votre égard

Ah ! Je sais pourquoi il y a la lettre **D**
J'ai des soupirs debout avant que ton souffle signala
C'est toujours une vague de bonheur
Qui m'enveloppe dans ton colis vaginal
Je n'oublie jamais que mon sieste le plus léger de midi
Après un plat de lambi consonmin
Est l'extase que j'extrais du dessert de ta langue

Combien de soupirs pour te renaitre de tes cendres ? **O**
Ibo ! Terre de souffle, peuple maudit, pays magic
Tes douleurs me touchent à la cavité
Combien de coup de reins, combien de baisers marasa
Qui te fera accoucher une jumelle sans dédain ?

Mythologie des ombres dans les ombrages
Y est dans les crinières qui flottent sur tes seins
Rimer la campagne par la plainte des rivières
Invite d'office le mignonnement de tes lèvres
Au chœur du chant de l'espoir
Mon honneur dans l'art est la peinture de ton charme à chaque tour

Bâtir à la perfection du Citadelle Laferrière
En toi a plus de merveille que les contes de fées
A chacun de tes pas
Un pion d'harmonie se pose
Chaque vibration de tes fesses
Est une douce prodigieuse
Jour et nuit s'affrontent
Où la lumière dorée de tes yeux
Universalise le périmètre de la création
Rejet de tes soupirs renait la vie

L'aube cachée dans les yeux d'ébène
Accède la force virile au chant du coq
Nos sueurs déjà inondaient la savane
Dans le croisement étincelé des faucilles
Intensifie par le beau refrain
Enlacé dans le cantique folklorique

Avant que le temps riait aux éclats
Sur le chemin de longue ficelle
Bordé des prés nimbés de rosées
Interpelle l'impénitent paysan
Nègre qui a le cœur trempé dans la douleur du sol
En route pour une journée épuisante

Le roux calcule en entier le destin de la campagne
Obole de la terre est l'actif de vos peines
Une pluie d'été est une goutte d'espoir
Implanté dans le champ, isotope de la vie
Sur les étampes foutues d'un pays agricole

Pour le pays, pour la patrie, plein poche est beau
Infiltration du tabou dans notre hymne
Est un fil à retorde aux élans
Revers des mains qui soustrait nos espoirs
Revendique la colonisation
Exprimée par les étrangers aloufas sous des masques indigènes

Vos veines gonflées, vos poings crispés
En tout c'est le rêve de la créolophonisation
Rêverie de la scolarisation massive
Nous voici face à vos deux épées philosophiques acérées
En branle pour l'attelage d'une culture avec l'aube
Trait d'un progrès tangible

Ses dents brillaient de perles
Ovulées des éclats dans le métissage des regards qui
Numérotent sa tournure volupté en intuition exacte
Inscrit sous sa mise délicate
A la lueur des fascinantes aventures

C'est tout un archipel de charme
Orné de magnificence qui
Repend le printemps à la traversée de chaque continent
Il est temps pour que mes soupirs d'exaltations
N'enfantent pas des mots sans gestes
En saluant à distance la merveille de ton architecture

Mon syntaxe d'honneurs
Imprègne ta beauté sans mièvrerie
Croisée au ciel gris de tes yeux
Hispaniola, berceau de mon amour
Est un océan de charme qui riait au rayon
L'amandier à genoux au bord de la mer

Classification de mes vers a pour limite
Hiérarchie de vos traits
Accouplés d'harmonie
Ralliement d'un compas mamba pimenté
Largué dans les reins transparents
Outrepasser les allures d'outre-mer
Tes beau yeux souriants font que
Toute la nature se fonde en une vague d'allégresse
Elévation du bonheur en promenade

Mitiger par la cascade de tes cheveux
Interpelle le charme au ziltique de la mer
Le signal de ta face marche de pair à la saison nouvelle
Faufiler sous ta politesse exquise
Ouvre tous les chemins vers la complaisance
Respirer l'air embaumé de ta présence
Transporte l'âme au pays de la délivrance

Mes nuits ensorcèlent
Aux aspes séquentiels de tes soupirs
Respirer l'arôme de ton corps
Importe sur ma langue le goût du caïmite rassis
Sans chevaucher mes regards sur tes postures
En vain je me dirais voir les anges sous des costumes de gloires

La gomme de la nuit qui efface le jour
Emporte mes brulantes passions
Sous un léger tourbillon de caresse
Passif du frottement de tes linges sur ma peau
Investir le périmètre de tes cuisses
Nuits noircie de poils lubrifiés de roses
Allonger aux cimes de ce plaisir inouï
Sur un voilier de léthargie emporte ma cervelle

J'ai l'âme dans l'hypnose de la rêverie
Un sommeil coincé dans l'insomnie du passé
Si vif se défile en moi un panorama de magnificence
N'est-ce pas le Sinaï qui descendait sur nos pinacles ?
Ophtalmologie des éclairs qui montrait l'intimité du soir ?
Le songeur encore se ravit
Dans la beauté rustique qui riait sans saison

Haleter le passé pour survivre le présent
Est admirer la rose pour jouir de l'amour
Nos champs qui portaient du fumé aux alentours
Revient sans l'encens des patates boucanés
Y-a-t-il du goût dans l'écume des caoutchoucs ?

Et si les cascades lointaines
Lâchent mes larmes au pied de ton trône
Viendrais-tu alors étendre ton nid sur mes branches ?
Ici mon tchit, le temps fait beau, la sureté est sincère
Reprenons à l'attente de la brise le refrain de l'amour
Et surtout avant l'angélus vient dormir sur notre rose

Mon papillon, porteur de la fraicheur du renouveau !
Oh ! Pourquoi poses-tu sur les épines ?
N'es-tu pas sûre de mon cœur de velours ?

A cette heure nul charme ne me plait
Ma colombe s'échappe, je dois la rattraper
Où es-tu mon ortolan, si tu ne masques plus sous le feuillage ?
Un jour viendra Marise, tu perceras le voile de mes souhaits et
Reparaîtras sur ma forme idéale, telle est ma foi en Dieu !

Je connais certaine personne qui marque leur existence
En sens du sérieux vous précédez les normes
A la circonspection d'autrui vous accédez le barème
Nos frottements mutuels salut votre emblème

Habitude n'est pas vice, la vérité c'est l'inverse
Yves Alvarez connaissait que le thème porte le poids des rhèmes
Mon exile n'est pas au-delà de ma vie de fiel
La pente la plus raide à grimper
Est la traversée de mes éternelles nuits
Toujours embarrassées par la prolongation des soupirs

Pour vous mon ami mes douleurs sont sans voile
Indéniablement ma fatalité pénètre dans vos veines
Et vous connaissez la tempête qui emporte ma joie de vivre
Rien ne m'est plus intime que notre lien rendu plus ferme par
        l'adversité
Rien ne m'est plus austère que vous l'ôter mes peines à tous les
        coups
Et c'est en partageant le sort aux êtres chers qu'on soulage de la
        douleur

Oh cœur ! Tu es pour moi ce que la rose est pour la nature
Une grappe de charmes pour le bonheur des yeux
Dans le vent qui soulève l'étendard de ta robe
L'arc-en-ciel sourit comme la source au miroir de la lune
Ici nous irons chérie, dans les ombrages du soir qui baignaient
      à distance
Nous écarterons un peu la curiosité des regards
Et se trouverons à l'abri des éclairs improvisés

Là-bas, derrière le domicile des arbres
Où le chant de zéphyr accompagne l'encens du jasmin
Un peu plus loin de la ronde des enfants
Restons là où les jaseries des commères se confondent à la grève
      des feuillages
Dans les échanges de baisers électriques
Electrocutons l'amour en cendre !

Ma muse à des allures plus belles que l'Eden
Et le ciel de ses yeux a plus de rayon que la lune
Retournes, retournes, ô rossignol musicien de nos bois
Chante ta douce mélodie sous la ballade des chaines
Ils sont comme l'astre les prés sur nos monts
En ma négresse s'étend un accent grave de plaisirs
Reposé sous un chapeau d'amour

Ce soir nous bâtirons de souvenirs éternels
Hors du froid du lit intime
Enlèvera ton fin lin timide
Et mon souffle s'étreindra entre tes seins fermes
La nuit dorée de ton firmament
Ouvrira ses battants bordés de cils de jais
Vers minuit, l'heure où la fusée des soupires
Elance au ciel du bien-être

Mon pipirite vole pendant que j'ai fourbie la castrole
Où es-tu Elvire pour la fête du champagne ?
L'amour en moi est fade sans le sel de tes lèvres
Impensable que le destin m'emporte tous les dons de l'Afrique !
Et si l'éternité n'est pas moins compatible à mon sort
Reluira alors la lumière sur mes parcours
Et l'affection cessera de me chercher pendant que je le cherche

Gars, je maudis le jour sans rayon qui salut ma naissance
Univers sans astres qui me sert de parade
Yes, ma lumière qui est plus vive que l'ébène du soir
Rêve de l'avenir qui sourit dans tes parages
Oublie les boulets de galères que traine mon existence
Le soleil de ton horizon
De ses strions, luit la nuit de mes désespérances

Frère, si la gomme du temps efface mes halètes
Insigne à la campagne la symétrie du chant des oiseaux et
        les murmures de la rivière
Là-bas, si sous les cocotiers ravis les jougs dans la brise de la mer
Si zéphyr nous montre la ballade des comards, alors serait
        du bonheur

Au coffin du tombeau de ma mère est le doux repos de l'âme
Il est temps de faire ce beau voyage de l'ombre
Mes maux, mes douleurs sous cet analgésique se taisent
Et c'est ainsi que mes dépouilles toucheront le seuil de l'éternité

Winch de l'espoir, pourquoi refuses-tu le flottement de ma voile ?
Imposes-tu toujours aux élans de mon voilier ?
Les milliers de fois qu'un ciel sans nuage sourit à mon passage
Sur un ciel de charme l'arrivage me salut dans le dos de la mer
O vagues sauvages, tempête violente du silence !
N'abaisses-tu jamais ton souffle sur la fleur de nos manguiers ?

Mort lente, cœur dédaigneuse,
Elance ta vitesse, vient me conduire vers le repos
Si l'eau retourne à sa source, la lumière à sa nuit
A l'ombre du néant que mon âme se retourne
Dans l'univers de la sérénité souveraine
Introduis-toi
Et gouter de la tranquillité invincible
Un jour viendra, tu vaincras certainement le tombeau par le souffle

Faisons une trêve pour que
Rires et pleurs cessent de nous escorter au même intervalle
Au temps où nos palais se décollent pour rire
Nos yeux, de fatalités brillent d'étincelle
Conçois avec justice, ô ciel, les plies de nos genoux !
En soutenant d'un doigt le poids de nos malheurs
Sur la plaine enfouillée dans la mer de nos tragédies
Comme c'est brulant, le soleil qui rayonne la nuit
Au coffin de l'horizon charnel !

Fidèle à la philosophie des astres dans le ciel du soir
Eclate des perles dans ton sourire
Bonsoir d'une pleine lune dans les persiennes
Est l'esclave d'allégresse qui dessine les pages de tes paupières !

Coincer par le choc du destin
Au Pilborau de la vie
Remet mon sort au hasard
Ombrage infernale de mon sauvetage
Le simoun qui parfume mon oxygène
Est le rire moqueur au verso de mes loisirs

W est un magasin de souvenirs paternels
Indélébiles traces sur mon parcours de fer
L'autre jour, quand brillait le plus sombre clair sur mes jours,
Fixait à grand éclats mes battants sur la fatalité
Il était si douce, la cacophonie de mon silence
Dans la rudesse assouplie de vos voix
Et l'entendement de vos âges !

Carole, mon sauvetage tombé du ciel !
A chaque seconde de mes soupirs
L'idée pour que vos jours se prolongent à l'âge d'enfance
Indexée à mes plaintes lancées dans les airs
Xénophobie de mes nuits dans l'océan de larmes
Toute cette formule de morose
Est la distance qui m'éloigne de votre cœur plein de faveur !

Oraison de mes interjections
Dissipe le néant des fantômes
Entaché par la duplicité de l'ombre éternelle
Tes rires voilés de tombeau
Tuent à jamais la flamme de mon espoir
Et tout le charme qui escorte ma vie

Tes bras qui font courbés la lance française
Obéirent à un fatal devenir au fort de Joux
Une famine atroce, un froid amère partage votre destin
S'il est moins digne l'infamine de votre serviteur
S'il est si vile la tragédie de votre instrument de gloire
Ah la France ! N'est-elle pas juste la réserve de Dessalines ?
Il est imperatif : bay kou bliye, pote mak sonje
Nous portons dans nos dos la trace vilaine de la colonisation
Tout en n'omettant pas que l'aversion de nous baptiser Haïti
        est éternel

Mon arôme de la nuit
Abandonne sur tes lèvres
Réduit mon parfum à la senteur de ton corps
Ton portrait, union de la lune et le ciel
Harmonie parée de plus belles allures
Et d'attelage le plus sincère

Mon ciel a maintenant de l'azur
Avec le blanc de tes yeux qui ne cesse de sourire

Cantique de la vie dont le refrain est du bonheur !
Haussons plus haut que nos impairs
Embrassons sans rêve notre premier amour
Renait du tombeau des indifférences
Injectons de la conciliation dans nos veines
Est tranchant pour contourner les parjures

Ami, l'assouplissante voix de votre plume
Nous porte le sucre de la flute des bambous
Dans le délire de votre poésie
Embrigadé sur nos côtes l'arc-en-ciel des yeux doux
Revers de la lune au zénith de la gloire
Signale le banquet dans nos récoltes
Orchidée de l'aube parfumée de zestes citronniers
Nidifie dans les cuisses de nos femmes créoles

Dans la contrée de deux versants
Ouvre la vallée couverte de soie dorée
Vue fusillée par les réseaux pliés et dressés par le vent
Immortalise le splendide spectacle de nos bois
La magie de vos métaphores
Accouche la science dans la similitude
Sous le jonglage raffiné des mots

Comme il se fait beau de voir
Aux poitrines des vallées les arbres qui se penchent
Répondent en diapason aux secousses du vent
Oui les fruits qui bercent sur les branches fébriles
Lancent le même spectacle aux complaintes des oiseaux
Et les prés ondoyants qui suivaient égarement la gorge du canal

Comme il se fait beau de voir
Au secret des bananiers les ombres argentées de la lune
Reflet de l'aube crevé à l'horizon
Les traits altiers des monts palis sous les brouillards
Il est beau de voir des sables blonds sous la robe bleue de la mer
Nos cascades qui murmurent dans les forets
Et d'entendre la voix enrouée du tambour portée par le vent

Si l'aurore ne cesse pas de me dire bonjour à midi, c'est grâce
Au dépôt de tes baisers sur mon front
Boléro de ta taille
Induit ma langue dans le paradis des poèmes
Noircissement d'ébène la peau de mon amour
Explique alors sa fermeté vaginale !

Faisant l'amour hier soir avec mes illusions
Au quartier des rêves les plus alléchants
La visite de ton ombre
Occupe la frontière de mes souhaits
Ne me prive pas le luxe de planer mes regards sur ton élégance innée
N'ajoute pas sur mes soupirs rêveurs le charme envoutant
      de tes cils noirs
Endormi avec aisance sur tes paupières de miel !

J'imagine la couleur de la vie sans toi
Enfin je vois une voûte sans arc-en-ciel
A l'effigie d'une tornade de bruine
Non, je n'enviais pas mon pourtour d'orphelin
Ni une mère sans signature
En toi coule une source d'attentions intarissables
Toute expression de charme cache dans tes yeux
Ton nom me porte le bonheur
En variétés diverses

Si les gammes se réduisent aux silences des faits
Ta douceur extrait du volcan de la glace
Et de la glace du volcan
Reflet ma survie en raflant les soupirs
L'enfant qui salue l'aube à des battants rassasiés de misères
Inclut avant la vie parmi les condamnés de l'indifférence
Ne serait-ce que toi, ma tante chérie qui me porte au flanc
Gerbe unique que mes vues admirent, ah…

Walkman des tendres humours
Introduit dans les impairs une thérapie
Les illustres moments de mes éclats de rires
Bilan quasi-total des vacances provinciales
Etalent au flanc les polies banalités de mes camarades qui
Retracent la béatitude par la main solidaire
Toute imprévisibilité cesse d'être une règle

Mésaventure des intimes est un bougainvillier
En pensant à la rose on ignore le piquant
Si les liens qui nous attachent étaient moins fermes
Après plus d'une décennie, le regret serait sans nombre
Des félicités éternelles affichent encore sur nos parcours soudés
Isotope du printemps qui siège sur la vie
En tout périmètre que couvre la solidarité
Universalise le nom de mes amis

Si l'image du temps perdu me fait surface
Ouvrage d'un passé vif et pérenne
Unifie par une pluralité de fantasmes
Virtuose de ton portrait gamin
Et ta beauté enjolivée d'une créature que
Nul ornement n'est égal
Inévitablement c'est que ta féminité accomplie
Retrace toute la merveille du siècle

Si les ans épuisés n'enfantaient pas de prodiges
Aussi que la main divine ne procréaient pas le délice
Il serait utopique d'explorer du regard
Ni ta face candide, ni ta belle anatomie
Tous les rêves seraient alors une illusion optique
Vers des aventures métamorphosés !
Autant que la vie se décore par la fleur de ton visage
Le bonheur sourira toujours

Foutu dans un rêve déchu
Efface au nouveau jour tant d'illusions
Du point que le vouloir sans choix
Imbriqué dans les hydres
Aux aléas de la vie

A mille feux que mon regard perçant
Lance des éclairs vers tes scandes rythmées
Cantique exalté par le refrain de l'Afrique
Effleurer ma pensée par ton signal
N'est pas moindre que respirer l'oxygène de la grâce
Dans la croisade des mots
Où l'on extrait le rhème de beaux vers
Rehausse ton sublime appellation

Je suis le volcan des âges
Un repère de misère personnifiée
De celui qui jouit le bonheur dans le rêve
Et refoule ses pulsions dans les vers

Vicissitude de la vie qui ne m'évince pas
Inévitable bilan du souffle
Contrebalancée au croisement des intimes
Témoins de mes tragicomédies
Opposées à l'espoir fait vivre
Résilience malgré tout, de mes confrères infortunés

Bajour fêlé du temps boudé
L'alternative perplexe de quitter la maison
Ouvrant la fenêtre face à l'horizon
Nos monts disparus sous des couches de vapeurs
D'un jadis enfoui dans les saisons mesquines
Ilot des ajoupas perdus dans la forêt d'arbres fermentés
Nous avions toujours l'air ravis
Et respirer l'odeur de la brise dans les effluves de l'oranger

Le plus croqué de mes passe-temps
Est l'escale de ma tête sur tes jambes
Où l'auréole de tes yeux
Nimbé mon avenir
Sous toute forme que prend le bonheur

Sous un ciel pur
Analogue du temps qui sourit sans gêne
Reluit par ton charme candide
A cette page-ci que nous inscrivions notre première amitié
Histoire qui s'ouvre sur des pages suspensives
Le soleil qui a des rayons moins piquées
Et le soir où berçait de pâle lune
Enonce la venue d'un clair humide

Aurore, viens jeter des salives sur mon été
Un baiser ardent sur ma langue tiède
Rallumer mon charme par ton sourire
Oppose la mélancolie à mon quotidien
Rustique ou moderne
En toi l'amour conserve le même goût

Loin de la science infuse
Une peinture de l'Ile paradisiaque coule sous ma plume
Bien que je sois le dernier de ceux qui œuvrent dans l'art
Il ne serait pas aberrant de dire qu'il soit Verlaine ou Durant
Nul d'entre eux ne peut chanter à la perfection l'hymne de ma terre

Je me vois toucher le plafond du plaisir
Elucider par un coffre-fort de souvenirs
Abstraction de belles aventures
Nivelées par des liens solidaires

Mes bodies sont un concert de musique
Implémenté par des joueurs de talent
Claquer leur nom
Honneur et mérite répondent
Exclusivement pour leurs empreintes
Les plus remarqués sur la page de la solidarité

Parce que je suis né à l'automne sans feuillage
Retombé de la vie est blanc sur ma page
O ! Puisque j'ai l'auriculaire dépassant le majeur
Pour une merde je porte la couronne de malheur
Honorables parle-menteurs de ma cité
Erigent des lois compatibles à ma fatalité
Tant bien que mal le stress qui m'a blanchi avant l'âge
En peu de temps me livra au pillage!

La cumule des secondes efface le jour
Un jour soustrait intensifie le temps
Chaque souvenir est alors une saison pour l'âge
Inscription de ma naissance dans le cahier fatal de la vie
Est pour moi un parcours d'éternelle souffrance
Négrier encore dans ma mentale
N'insuffle pas dans non esprit
Esperance d'être libre un jour !

Même si mon sommeil n'accouche pas d'illusions
Avec un futur pris dans l'engrainage du présent
Résider dans les parages de votre présence
Charrie en mon nom tout un flot de sollicitudes,
Etale en ma faveur tant de sauvetages
Le temps pour que j'écrase sous le choc des plaintes
Isole par vos soucies
Nobles traits de votre caractère

L'ombre de l'existence ne varie jamais sous le soleil de la vie
Est-ce la réplique aveugle du mystère ?
Si l'éternité s'inscrit dans nos gènes, le voile se lève
Mes rêves se fondent, vos conçoives aussi
Inutile de ne vouloir vivre, superflu d'inespéré
Rejetez les aberrations, pensez à la gloire,
Et l'éternité pense à vous

En croyant prudent je parle aux bodets
Des demi-dieux égalés Jupiter
Outre que les ruines qui supputent leur avenir
Univers est trop digne pour penser à leur sort
Au pied de ton trône cimentent mes genoux
Réfléchissant aux innombrables œuvres de tes mains
Des craintes civilisées me ceignent, ô Dieu d'amour !

Y a-t-il plus de charme pittoresque
Au lointain de ton éclat virginal ?
Certainement pas !
Il surpasse le diamant des cascades, le reflet de tes yeux
N'es-ce pas toi qui allume sur ton passage une flamme de passions ?
Toi qui converges tous les regards au roulement de tes hanches
Hasard de notre croisement
Est le plus merveilleux des mystères !

Ma muse dans l'art se résume
A la conjugaison de ta beauté au plus que parfait
Là où la lune et le soleil sont animés d'une volonté égale
Barricade des bikinis sur la plage
Réveille mes envies qui dormaient
Avant que mes baisers jettent l'encre sur tes lèvres
Nos moments de caresse arrivent toujours au soumet de la jouissance
Chaque fois que tes tendres onomatopées déchirent le silence
Hein ! n'es-tu pas l'Ile qui portait le chapeau du printemps
Et des grappes sur des résiniers d'ors ?

Fanal, pourquoi luit dans le vague une lueur circonspecte ?
Aux décors du tombeau, pourquoi pose cette fleur virginale ?
Réponds-moi donc fortuite des âges
A quelle fin est ce bornage ?
Héler un être cher à la clause de caverne !

Dans le circuit du vent j'entends toujours le bruit de tes pas
Et dans nos festivités baignent à nu tes rires élégants
Sous l'accent le plus aigüe des nostalgies
Infère en moi tous les souvenirs rêveurs que tu embrasses
Repose-toi avec sérénité intouchable dans le royaume des inconnus !